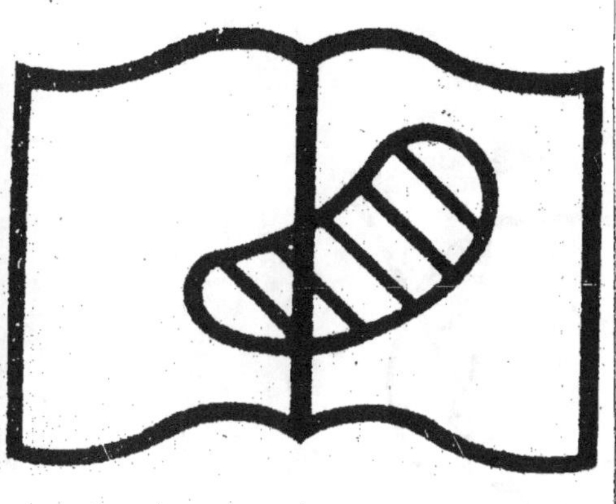

Illisibilité partielle

Contraste insuffisant
NF Z 43-120-14

Valable pour tout ou partie
du document reproduit

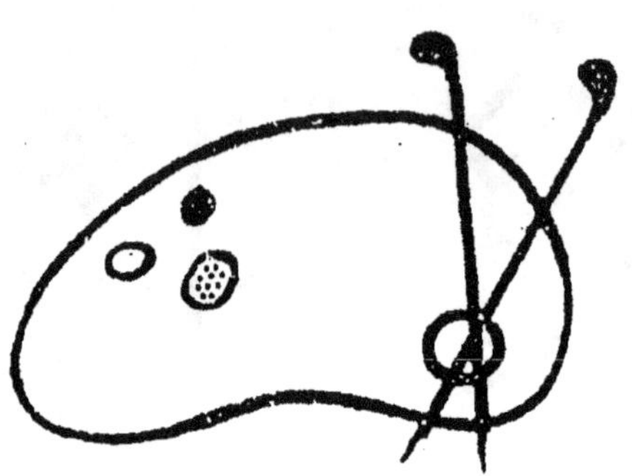

Début d'une série de documents
en couleur

Une Lettre inédite

DE

TH. DE COHORN

A PEIRESC

Publiée par

PH. TAMIZEY DE LARROQUE

———— >⋅< ————

CARPENTRAS
IMPRIMERIE JOSEPH SEGUIN
1897

(7)

À mon cher maître et ami
Monsieur Léopold Delisle
reconnaissant et affectueux hommage
Ph. Tamizey de Larroque

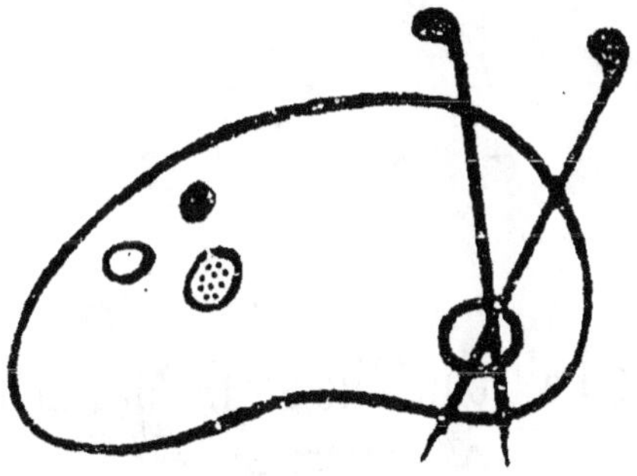

Fin d'une série de documents
en couleur

Une Lettre inédite de Th. de Cohorn

A PEIRESC

Extrait, à 75 exemplaires, du *Journal du Comtat*

(Numéros des 14 et 21 Novembre 1897)

Une Lettre inédite

DE

Th. DE COHORN

A PEIRESC

Publiée par

PH. TAMIZEY DE LARROQUE

———>·<———

CARPENTRAS

IMPRIMERIE JOSEPH SEGUIN

1897

LETTRE INÉDITE DE TH. DE COHORN

A Peiresc

J'ai eu souvent l'occasion de protester, soit par
écrit, soit de vive voix, contre les vulgaires autant
qu'injustes plaisanteries adressées à Carpentras.
J'obéissais à un généreux devoir en prenant le parti
d'une ville qu'ont pu seulement attaquer ceux qui
ne la connaissent pas. Pour moi qui, à diverses
reprises, ai passé dans ses murs quelques-unes des
meilleures semaines de ma vie, qui y ai trouvé une
hospitalité si cordiale et si douce, qui y ai été en-
touré de si chaudes et de si précieuses sympathies,
je déclare que peu de villes sont d'un séjour aussi
agréable, aussi charmant. Loin de mériter le ridi-
cule qui s'attache parfois à son nom, nom que l'on
s'efforce de mal prononcer pour exciter des sourires
moqueurs (1), la ville de Carpentras aujourd'hui si
jolie et destinée à devenir si belle, plus tard, quand
elle jouira de la splendide fortune que lui laisse un

---

(1) Carpen*trasse* au lieu de Carpen*tra*. Un jour, j'ai
demandé à un parisien qui, dans un groupe, s'amusait
à exagérer le son de la dernière syllabe du nom, pour-
quoi, puisqu'il prononçait Carpen*trasse*, il ne prononçait
pas logiquement Pa*risse*. Le railleur fut désarmé par
mon objection et les rieurs se mirent de mon côté. Déjà
un écrivain provençal de réputation, Castil-Blaze (de
Cavaillon), s'était vivement moqué de ceux qui avec une
grosse malice affectent de prononcer Carpen*trass*, et
qui, en voulant ridiculiser les carpentrassiens, ne ridi-
culisent qu'eux-mêmes. Voir les *Correspondants de Peiresc*, fascicule VIII. *Le cardinal Bichi, évêque de Carpentras. Lettres inédites* écrites de 1632 à 1637, Paris, 1885,
grand In-8º, p. XXII, note I.

de ses plus dignes enfants (1), est sans contredit
une des plus intelligentes de toute la région méri-
dionale. L'esprit y court les rues, la verve y jaillit
à flots intarissables, et les heureux habitants de
la gracieuse capitale du Comté Venaissin (2) jettent
dans leur causerie autant de sel piquant que de
vive gaieté. Ils sont les premiers à rire de la sotte
légende exploitée dans tant de vaudevilles et d'articles de journaux : c'est avec la fierté la plus légi-
time qu'ils opposent aux épigrammes démodées,
surannées, affadies, que lancent de pauvres igno-
rants, les célébrités anciennes ou contemporaines
qui mettent autour du front de leur cité une immor-
telle couronne de gloire. Aux Arts, aux Lettres,
aux Sciences, Carpentras et ses environs ont donné
des illustrations sans nombre, et je ne crains pas
d'affirmer que dans peu de nos villes, même de
nos villes les plus considérables, on aurait à saluer
une aussi brillante série de talents de tout genre (3).

Parmi les hommes qui, de notre temps, ont le
plus honoré la ville de Carpentras par leur savoir
comme par leur caractère, je me plais à mentionner
mon vénéré et cher ami Monsieur le marquis Ed-
mond de Seguins-Vassieux, mort en son château
du Rocan, à l'âge de quatre-vingt-huit ans, le 29
janvier 1897. On a donné de grands éloges à ses

---

(1) Le grand négociant Moricelly. Je n'ai pas assisté
sans émotion aux funérailles presque royales (28 juin
1894) qui furent faites par la population entière de Carpentras à son admirable bienfaiteur.

(2) Expressions employées par feu Monseigueur De
Terris, évêque de Fréjus et de Toulon, ancien curé de
Saint-Siffrein, dans sa remarquable notice sur le *Saint-
Mors de Carpentras* (1874, in-8°, p. 3).

(3) Voir, presque à chaque page, le *Dictionnaire* du
Dr Barjavel, biographe qui lui-même, autant comme
excellent citoyen que comme excellent travailleur, est
une des notabilités de sa ville natale. J'ai trop fréquenté
la magnifique bibliothèque enrichie de ses collections et
de ses legs pour ne pas m'incliner avec respect devant
la mémoire de cet homme de bien.

vertus familiales, patriotiques, chrétiennes (1). Je tiens à rendre ici un hommage pai ticulier à l'homme d'étude, à celui qui, pendant presque toute la durée de sa longue et noble vie, n'a cessé de chercher la vérité dans d'innombrables livres et d'innombrables manuscrits. Pourrait-on assez vanter le zèle infatigable avec lequel il avait recueilli tant d'extraits et de notes qui éclairaient d'une vive lumière les points obscurs de l'histoire du Comtat et surtout de l'histoire des vieilles familles de cette province ? Et au mérite d'avoir réuni d'aussi inappréciables trésors, il joignait le mérite plus considérable encore de les mettre libéralement au service de tous ceux qui lui en demandaient communication. Pendant ses dernières années, il partageait tout son temps entre le travail et la prière, réalisant ainsi le *laboru et ora* des antiques monastères et méritant que l'on dit de lui : il travaille comme un bénédictin et il prie comme un saint. Je ne puis dire à quel point j'étais heureux de trouver chez un homme qui daignait beaucoup m'aimer tant de foi, tant de piété, tant de consciencieux et modeste savoir, tant de cordiaux et nobles sentiments, tout ce qui constitue, en un mot, le chrétien, l'ami, le gentilhomme et le travailleur accompli.

Dès mon premier séjour à Carpentras, en l'année 1877, j'eus l'honneur et la joie de faire la connaissance du Marquis de Seguins. Voici dans quelles circonstances. Je ne m'occupais pas encore alors de la transcription des lettres écrites par Peiresc et à Peiresc, et d'autres documents provençaux de tout genre, transcription qui devait absorber les longues journées d'été de 1880, de 1881 et de 1882, sans

---

(1) Voir notamment un article de M. Joseph Seguin dans le *Journal du Comtat* du 31 janvier 1897, un autre article (signé *Mentini*) dans le n° du 7 février suivant. J'avais moi-même dit un peu de tout le bien que je pensais de mon ami dans une brochure, dont il m'avait gracieusement fourni les matériaux : *Le cardinal d'Armagnac et François de Seguins* (Toulouse, 1896, grand in-8°, p. 3-4).

parler des six semaines consacrées, en 1894, après
que les grosses gerbes avaient été engrangées, à
glaner encore quelques épis : j'étais allé seulement,
il y a vingt ans, reconnaître le terrain et préparer
les voies, parcourant, jalon en main, je veux dire
plume en main, chacun des registres de la collection Peiresc. Un jour, dans un des volumes où l'on
a recueilli les lettres adressées à mon héros, je
trouvai un document daté de Carpentras, 25 mai
1627, signé *De Cohorn*. Je connaissais le nom *étran-
ger*, je ne le connaissais pas *carpentrassien*. Je de-
mandai des éclaircissements à M. le Conservateur
de l'Inguimbertine, M. Gabriel Barrès, qui était pour
moi, en ces heures de tâtonnement, le plus obligeant
et le plus docte des guides (1). — Voici quelqu'un,
me dit-il, qui vous renseignera mieux que moi,
car c'est un descendant des Cohorn, et il s'empressa
de me présenter à M. de Seguins, qui précisément
venait d'entrer dans la salle de lecture A l'aide des
deux excellents traits-d'union *Barrès* et *Cohorn*, la
connaissance fut rapidement faite. Au bout d'un
quart-d'heure de causerie, j'avais été tellement
séduit par l'exquise courtoisie et la féconde com-
plaisance de mon interlocuteur, que j'étais déjà
son très obligé et très reconnaissant serviteur.
Ainsi s'établirent des relations qui devinrent de
plus en plus cordiales et qui ne tardèrent pas à
prendre la plus amicale tournure. M. de Seguins,
qui était la bonté même, comme il était l'honneur
même, se préoccupait du danger que pouvait faire
courir à ma santé une série non interrompue
d'excès de travail. Il s'effrayait surtout de me voir,
à ma sortie de la douce prison de l'Inguimbertine,
m'enfermer dans une autre douce prison, le petit
jardin de la maison Eyriès, et continuer jusqu'à la

---

(1) Dans l'*Avertissement* mis en tête du tome 1er des
Lettres de Peiresc aux frères Dupuy (Paris, Imprimerie
Nationale, 1888, in-4º, p. ix), je n'ai pas manqué de témoi-
gner ma gratitude à M. Barrès. J'aime à lui payer de
nouveau une dette inoubliable.

nuit la besogne commencée dès les premiers feux
de l'aurore. Souvent, très souvent, il venait m'arra-
cher à mes transcriptions et il m'entraînait au loin.
Son énergique charité pour moi ne souffrait aucune
résistance. Que de salutaires promenades faites
avec lui soit dans Carpentras, soit aux environs !
La ville ! il en connaissait toutes les maisons, et,
pour ainsi dire, tous les pavés, et il me racontait de
la façon la plus précise et la plus attachante l'histoire de chaque rue, de chaque monument, je dirai
presque de chaque maison (1). Quant à la campagne,
nous en visitions successivement tous les en-
droits remarquables (2), et parfois nous allions

---

(1) On a publié des ouvrages fort intéressants sur *les
rues d'Aix-en-Provence, les rues de Marseille*, etc. M. de
Seguins aurait non moins bien traité *les rues de Carpentras*. Le livre était tout fait dans sa tête et dans les notes
nombreuses réunies dans ses cartons. Je demande la
permission d'ajouter que, dans nos promenades archéo-
logiques, nous étions le plus souvent accompagnés par la
petite-fille de mon ami, Mademoiselle Marguerite de
Gautier de Saint-Paulet, gracieuse enfant en qui com-
mençaient à briller déjà les exquises qualités qui s'épa-
nouissent dans la jeune femme.

(2) M. de Seguins, qui était un causeur fort spirituel
et qui avait toute la gaîté des saints, me fit, en une de
nos excursions, le récit suivant : Voyez-vous, au milieu
des champs, cette église en ruine ? Un jour, l'archevêque
d'Avignon, qui était en tournée de confirmation, étant
allé, après une longue cérémonie, prendre l'air avec le
curé de la paroisse, aperçut l'humble chapelle abandon-
née et témoigna le désir de la voir de près. Le curé fit
tout au monde pour que le prélat renonçât à son projet ;
ce dernier tint bon et les deux promeneurs arrivèrent
bientôt au seuil de la rustique chapelle. Le bon curé
n'en ouvrait pas la porte, mais devant l'insistance de son
général en chef, il dût se décider à l'entre-bailler, et aus-
sitôt d'innombrables lapins, troublés dans leur quiétude,
se précipitèrent dans les jambes du prélat et faillirent le
renverser. Revenu de son saisissement, l'archevêque
sourit et se contenta de dire au pieux et ingénieux pro-
priétaire du clapier : *Vous avez là de singuliers parois-
siens, Monsieur le Curé !*

jusqu'au Rocan, le si pittoresque vieux manoir auquel se rattache le souvenir de son célèbre possesseur, l humaniste du XVI⁰ siècle, Alexandre Scot.

Mais je me complais trop dans ces lointains souvenirs, et. après avoir demandé pardon à mes lecteurs de m'être ainsi laissé entraîner par le charme de l'évocation de ce passé dont le poète a parlé d'une façon si touchante *(olim meminisse juvabit)*, je vais reproduire la lettre de Thomas de Cohorn, en la faisant suivre des notes de l'éminent généalogiste, mon cher collaborateur m'ayant dit, en me les remettant : « *Nous serons deux à préparer le civet ; vous, vous avez procuré le lièvre ; moi, je me charge de la sauce.* »

A MONSIEUR
MONSIEUR DE PEYRESC
CONSEILLER DU ROY EN SA SOUVERAINE
COUR DE PROVENCE
AIX (1)

Monsieur,

Ayant M. Raccagni qui a esté Recteur de ce pays (2), et à present ayant esté appelé par Nostre

---

(1) Bibliothèque d'Inguimbert, addition aux manuscrits de Peiresc, lettres diverses à lui adressées, n⁰ VII, en deux volumes in-f⁰, tome I, p. 442. Au-dessous de la souscription se lisent ces mots, de la main de Peiresc : « A Monsieur le commandeur de Fourbin, capitaine de la Galère royale de France. »

(2) Ce personnage, appelé César Racagna par Charles Cottier *(Notes historiques concernant les Recteurs du ci-devant Comté Venaissin,* Carpentras. Proyet, 1806, in-8⁰), naquit à Brisiguela dans la Romagne ; il etait protonotaire apostolique quand Grégoire XV lui conféra la Rectorie du Comté Venaissin par bref du 14 avril 1621. Il exerça ses fonctions jusqu'au 1er mars 1627. jour où il partit pour l'Italie, appelé à l'emploi de Commissaire général de la Chambre Apostolique.

Saint Pere à Rome et fait commissere general de la Chambre Apostolique, m'escrivyt dernieremant m'ordonnant de prier le pere Recteur du college des jesuytes de ceste ville de lui fere procurer la *Biblioteca Patrum* imprimée à Paris, comme celle qu'il vist à vostre estude dernierement passant par Aix (1) et ce pour la presenter à Monseigneur le cardinal Barbarin auquel ledit Sieur Raccagni en avoyt ja mandé presenter une des impresses (2) de Cologne, laquelle on ne la voullut presenter pour n'estre de beau papier de belle impresse et ledit pere Recteur en ayant escrit au pere Favard à Lyon conforme au desir dudit sieur Raccagni, il en a heu response que la *Biblioteque* de Cologne n'a jamais esté imprimée ailheurs et que celle de Paris est toute aultre n'ayant quasi que la moytié des volumes de celle de Cologne et estant disposée tout aultrement que celle de Paris par matieres et l'aultre par subjects et que le dict pere Recteur a treuvé bon que je vous escrive, Monsieur, et vous suplye de la part dudit sieur Raccagni de vouloir commander à quelqung de vos clercs de fere la copie de la 1re page de vostre *biblioteca patrum* imprimée à Paris et me la vouloyr mander pour la pouvoir mander à Lyon ou ailheurs où besoing sera avec le nombre des volumes qu'il y a et si elle est comme marque

---

(1) Indication qui ne sera pas négligée par le futur auteur d'un *Essai de reconstitution de la bibliothèque de Fabri de Peiresc.*

(2) Pour *impressions.* Le mot, ce qui étonnera quelques personnes, a trouvé droit de cité dans le *Dictionnaire de l'Académie française.* Il apparaît, comme adjectif, dans la *Recherche de la Vérité* de cet écrivain si élégant et si pur qui s'appelle Malebranche.

ledit pere Favard par sa lettre et chercher où plus
facilement se pourra trouver l'honneur que vous a
pleu tesmoigner au dit sieur Raccagni et le subject
pourquoy il l'a désiré m'ont occasioné de vous
importuner et apres vous avoyr tres humblement
baysé les mains je demeure,

    Monsieur,

   Vostre tres humble et tres obeissant serviteur

        De Cohorn.

A Carpentras, le 25 may 1627 (1).

Voici maintenant la notice que le marquis de
Seguins a bien voulu rédiger pour moi sur le correspondant de Peiresc et sur la famille de Cohorn :

« Thomas de Cohorn était le troisième fils d'An-
toine et d'Hélène de Gardane, sa seconde femme.
Il était issu, au quatrième degré, de l'illustre général suédois, Pierre de Cohorn, dont l'histoire est
bien connue, établi à Avignon en 1474, mort au
monastère de Montfavet, près de cette ville, en 1479.
On voit, dans l'église de Montfavet, son très remarquable monument de marbre, que Jean de Cohorn,
son fils, lui érigea, et dont l'inscription rappelle
les principaux évènements de sa vie. Pierre de
Cohorn avait un frère aîné, Christian-Frédéric,
gouverneur d'Upsal, dont un arrière petit-fils, Eric
Charles. passa au service de la Hollande et fut père
de Menno-Charles, baron de Cohorn. le célèbre
général surnommé dans l'histoire le *Vauban hollan-
dais* et qui défendit Namur contre Vauban lui-
même. Sa postérité a passé en Alsace vers le milieu

---

(1) La lettre autographe porte un cachet en cire rouge,
aux armes de Cohorn.

du XVIIIe siècle et habite encore cette province. Un de ses membres, général, duquel M. Thiers fait un grand éloge dans son *Histoire du Consulat et de l'Empire*, fut tué à Leipsick. Deux années auparavant, il était venu visiter, à Carpentras, le baron Alexandre de Cohorn ; une reconnaissance de parenté, appuyée sur preuves, avait déjà été faite par acte public, en 1765, entre les deux familles.

« Thomas de Cohorn fut élu vice-recteur perpétuel du Comté Venaissin par bref de Grégoire XV, du 5 janvier 1622, privilège sans exemple, car les provisions de cette charge n'étaient que triennales. Thomas de Cohorn méritait sans doute, dit Charles Cottier, cette distinction exceptionnelle. Il fut marié trois fois : 1° le 14 mars 1600, avec Jeanne d'Ollon ; 2° le 8 décembre 1618, avec Marguerite Bernardi de Sigoyer ; 3° le 30 août 1647, avec Louise de Thomassis, fille de François et de Françoise Sadolet, nièce de l'illustre évêque de Carpentras. Il mourut à Carpentras en 1656, le 29 décembre, âgé de 72 ans, et fut inhumé dans la chapelle de sa famille, celle du Saint-Rosaire, en l'église des Dominicains.

« Le troisième fils de Thomas de Cohorn et de Marguerite Bernardi de Sigoyer fut Joseph de Cohorn, né à Carpentras en 1634 ; d'abord mousquetaire de la Garde du Roi, puis officier de marine. Ce capitaine de vaisseau est cité dans tous les recueils biographiques pour ses faits d'armes, notamment le ravitaillement de Messine en 1675, l'affaire de Gigéri en Barbarie sous le duc de Beaufort, etc. Il mourut à Carpentras le 6 juin 1715. On conserve dans les archives de la famille de nombreuses lettres à lui adressées par Louis XIV, Colbert, Seignelay, Duquesne, le duc de Beaufort, etc.

« Louis Alexandre, baron de Cohorn, servit aussi dans la marine, mais dût se retirer de bonne heure, par suite de l'affaiblissement de sa vue. De Lucrèce de Silvecane, sa femme, il eut : Louis Alexandre, baron de Cohorn, dernier du nom dans le Comté-Venaissin, né à Carpentras en 1732, mort en 1816, ancien brigadier des armées navales, chevalier de Saint-Louis, emprisonné sous la Terreur avec sa fille unique, âgée de douze ans seulement, digne

émule de Mademoiselle de Sombreuil. qui fut plus tard
son amie, et immortalisée par les louanges qu'on
peut lire dans les *Lettres de Silvio Pellico* adressées
au marquis de Seguins-Vassieux (1), son fils, ami
du célèbre prisonnier du Spielberg, louanges que
l'on retrouve dans la *Chronique de Montfavet* par
M. l'abbé Moutonnet, curé de cette paroisse, dans
les *Episodes de la Terreur dans le Comté-Venaissin
et à Orange* par M. de Beaumefort (Avignon, 1875),
etc. (2).

« Flavie de Cohorn, mariée en 1803, à Carpentras,
avec le comte Alexandre de Seguins, marquis de
Vassieux, ancien chevau léger de la Garde du Roi,
émigré, officier supérieur, chevalier de Saint-Louis,
est décédée en 1867 et la presse royaliste entière a
célébré son éloge. Elle a laissé cinq enfants dont
un fils demeuré fidèle aux principes religieux et
politiques professés par ses parents. Le comte de
Chambord daigna lui écrire, de sa main, une lettre

---

(1) Constatons que dans divers documents familiaux,
notamment dans la lettre de faire part du décès de
Madame la Marquise de Seguins, née Charlotte-Louise-
Constance de Froment — Fromente de Castille-Rohan,
« endormie dans la paix du Seigneur le 12 janvier 1895 »,
le petit-fils de Louis-Alexandre reçoit les noms et titres
que voici : *Marquis de Seguins-Cohorn de Vassieux.*

(2) Voir sur la famille de Cohorn divers articles du
Dictionnaire du Dr Barjavel (t. I, p. 388-390), et aussi
divers articles du recueil de Pithon-Curt (tome I, 1743,
pp. 153 et suiv., 531 et suiv.) Je ne puis citer l'*Histoire de
la Noblesse du Comté-Venaissin* sans dire avec quel ser-
rement de cœur j'ai dû renoncer à la réalisation du vœu
que j'avais exprimé *(Le cardinal d'Armagnac et François
de Seguins,* p. 4) pour que l'exemplaire, enrichi des notes
complémentaires et rectificatives d'un spécialiste tel que
le marquis de Seguins, fût acquis par la bibliothèque
d'Inguimbert. Une seule chose pouvait me consoler :
c'est que les quatre si précieux volumes in-4° font aujourd'hui partie de l'admirable collection de M. Paul
Arbaud, bibliophile aussi célèbre par son grand savoir
que par sa délicate générosité.

de condoléance au sujet de la mort de sa sainte mère. » (1)

Je ne résiste pas à l'envie de reproduire encore un document inédit relatif à la famille de Cohorn que je tiens de la libérale main de M. de Seguins dont le nom, comme on le voit, devrait en bonne justice figurer en tête de ces pages auprès et fort au-dessus du nom de son humble collaborateur :

« Lettre écrite au cardinal Barberin par le roi Louis XIV, trois jours après son mariage avec l'Infante d'Espagne Marie-Thérèse, transcrite aux registres de la Chambre Apostolique à Carpentras, dans le volume marqué par la lettre M, fo 121 :

« A mon cousin le cardinal Barbarin, grand aumônier de France (2).

« Mon cousin,

« Les inclinations que le sieur de Cohorne /sic/ a témoigné pour mon service et ceux que des gentilshommes de cette famille m'ont rendu dans mes armées et dans les emplois considérables où ils ont signalé leur valeur et donné des preuves de leur affection et de leur fidelité, me convient à proteger le sieur de Cohorne (3) en l'interest qu'il

---

(1) J'ai lu et relu cette lettre qui était le joyau de la belle collection d'autographes de mon ami. On eût juré qu'elle avait été écrite par une des meilleures, des plus éloquentes plumes du XVIIe siècle. Quel dommage que l'on n'ait pas publié, à côté du recueil des lettres politiques du grand écrivain qui eût été un grand roi, un recueil de ses lettres intimes ! On y eût trouvé partout la beauté des sentiments unie à la beauté du langage.

(2) Avec le cachet royal.

(3) François de Paule de Cohorn, cousin de Thomas, le correspondant de Peiresc. Ses enfants. après lui, durant trois générations jusqu'à extinction en 1774, exercèrent la charge de secrétaires de la révérende Chambre apostolique, laquelle charge était très considérée et conférait la noblesse à ceux qui ne la possédaient déjà.

a que la résignation qui a esté faite en sa faveur de l'office de secretaire et greffier de la Chambre apostolique au Comtat d'Avignon par le sieur de Cabanis, soit admise en Cour de Rome, je vous escris ceste lettre pour vous prier de l'appuyer de vostre Credit et pouvoir en sa poursuite et mesme d'y employer mon nom si vous l'estimés à propos, pour l'avancement de son affaire, vous asseurant que de quelle manière que vous luy fassiés sentir les effets de ma recommandation en ce rencontre, vous aurés fait chose qui me sera très agreable, et la presente n'estant à autre fin, je ne la feray plus longue que pour prier Dieu qu'il vous ait, mon cousin, en sa sainte et digne garde.

« *A Saint-Jean-de-Luz, le douze juin 1660.*

« Louis ».

« DE Loménie ».

Je ne veux pas me séparer de mon cher collaborateur et ami, Monsieur le marquis de Seguins, sans lui donner ce dernier éloge : il s'est parfaitement caractérisé lui-même en rappelant que toujours il resta fidèle aux traditions de ses aïeux ; puissent tous ceux qui l'ont connu, qui l'ont aimé, se souvenir à jamais de ce témoignage venu d'outre-tombe et qu'il faut rapprocher de la vieille et chevaleresque devise : *semper fidelis.*

PH. TAMIZEY DE LARROQUE.

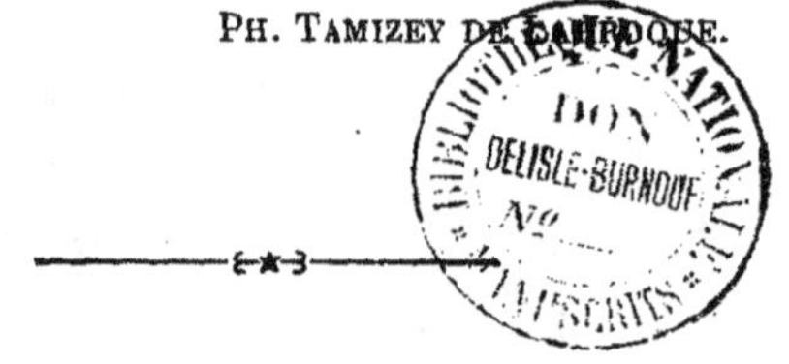